SOCIÉTÉ INDUSTRIELLE
du Nord de la France.

ÉTUDE
SUR
LA MORTALITÉ DES JEUNES ENFANTS
A LILLE,

ET SUR

LA CRÉATION DE CAISSES DE SECOURS
EN FAVEUR
DES FEMMES NOUVELLEMENT ACCOUCHÉES,

Présentée à l'Assemblée générale du 26 mai 1874, au nom du Comité de l'Utilité publique,

Par M. le D[r] ALF. HOUZÉ DE L'AULNOIT,
Professeur d'Hygiène à l'Institut Industriel, ex-chargé du cours d'Hygiène à la Faculté des Sciences, Professeur à l'École de Médecine de Lille,
Chevalier de la Légion-d'Honneur.

LILLE
IMPRIMERIE L. DANEL.
1874.

HYGIÈNE INDUSTRIELLE.

DES AVANTAGES

DE LA

CRÉATION DE CAISSES DE SECOURS

EN FAVEUR DES FEMMES NOUVELLEMENT ACCOUCHÉES,

COMME MOYEN DE DIMINUER LA MORTALITÉ DE LA PREMIÈRE ENFANCE DANS LES GRANDS CENTRES INDUSTRIELS

ET

ÉTUDE

SUR

LA STATISTIQUE ET LES CAUSES DE LA MORTALITÉ DES ENFANTS

DEPUIS LEUR NAISSANCE JUSQU'A L'AGE DE 12 MOIS,

AINSI QUE SUR LA PROPORTION DES MORT-NÉS AVANT ET APRÈS L'AGRANDISSEMENT DE LA VILLE DE LILLE,

Par M. le Docteur HOUZÉ DE L'AULNOIT,

Professeur à l'École de Médecine de Lille,

Membre de la Société Industrielle du Nord de la France, Professeur d'Hygiène à l'Institut et chargé du cours public d'Hygiène à la Faculté des Sciences,

Chevalier de la Légion-d'Honneur.

(*Mémoire lu à l'Assemblée générale de la Société Industrielle du Nord de la France, le 26 mai 1874*).

LILLE,

IMPRIMERIE L. DANEL.

1874.

PREMIÈRE PARTIE.

DES AVANTAGES

DE LA

CRÉATION DE CAISSES DE SECOURS

EN FAVEUR DES FEMMES NOUVELLEMENT ACCOUCHÉES,

COMME MOYEN DE DIMINUER LA MORTALITÉ DE LA PREMIÈRE ENFANCE DANS LES GRANDS CENTRES INDUSTRIELS.

Les misères qui méritent la plus grande part de pitié, de bienveillance et de charité d'une grande cité comme la nôtre, sont celles qui viennent accabler l'enfant à son entrée dans la vie.

Il est de notre devoir, pour les atténuer, de reporter sur la mère ces sentiments d'intérêt et de sympathie que nous fait éprouver la vue d'un berceau.

Sachant l'affection que vous portez, Messieurs, à nos classes ouvrières, et encouragé par le désir qui vous anime d'améliorer leurs conditions hygiéniques, j'ai l'honneur de vous proposer de faciliter la création dans nos grands établissements industriels, de caisses de secours, en faveur des femmes nouvellement accouchées, afin de leur permettre, pendant le premier mois de l'allaitement, de se vouer au devoir de la maternité.

Cette généreuse et philantropique institution a reçu depuis plus de quinze ans, la sanction de l'expérience en Alsace, grâce à l'initiative de M. Dolfus. Elle a eu, dès le début de son fonctionnement, pour résultat de diminuer, de près d'un tiers, la mortalité qui sévit sur les enfants, pendant le premier mois de leur existence.

Les conséquences ne doivent pas être moins salutaires sur la santé des accouchées.

La femme qui, le neuvième jour après son accouchement, est obligée de se rendre à la fabrique et d'y travailler douze heures environ pour subvenir aux dépenses de sa famille, est encore soumise à l'influence puerpérale et à ses graves affections.

Cette influence se fait en général sentir pendant le premier mois. Le meilleur moyen de l'en préserver serait donc de lui procurer les ressources qui la mettraient à l'abri de la misère.

Quant aux avantages qu'en éprouverait l'enfant : ils sont trop évidents pour que je pense utile de les soumettre à une longue étude.

Ils peuvent se résumer : pour le jour, en des soins plus dévoués que ceux donnés par une étrangère , pour la nuit, en une sollicitude plus vive de la mère qui ne serait pas fatiguée par le travail de l'atelier.

L'enfant recevrait en outre, une alimentation plus en rapport avec ses faibles organes.

Le lait que lui offrirait le sein maternel serait et plus abondant et de meilleure qualité.

De l'opinion de tous les hygiénistes, l'allaitement du premier mois constitue les racines de la vie.

Seul, il peut préserver les enfants de l'inflammation du tube digestif , cette cause si puissante de la grande mortalité qui les décime , pendant la première année de leur existence.

Cette affirmation résulte de l'importante statistique d'Osterlen, dans laquelle il nous est possible de suivre mois par mois, la proportion de décès que présentent, en Belgique, mille naissances, dans le cours de la première année.

1er	mois,	51,7	pour 1,000	naissances.
2e	id.	17,5	id.	id.
3e	id.	12,6	id.	id.
4e	id.	10,7	id.	id.
5e	id.	8,6	id.	id.
6e	id.	7,6	id.	id.
7e	id.	7,2	id.	id.
8e	id.	6,6	id.	id.
9e	id.	6,5	id.	id.
10e	id.	6,5	id.	id.
11e	id.	6,3	id	id.
12e	id.	8,»	id.	id.
TOTAL. .		149,8	id.	id.

Sur les 150 décès que fait éprouver la première année à mille nouveau-nés, les trois premiers mois figurent donc d'après ce tableau pour 81, 8 ou plus de la moitié, et le premier mois seul pour 51, 7 ou plus d'un tiers.

Une telle révélation n'est-elle pas de nature à attirer l'attention de l'autorité et des hommes de cœur ?

Elle peut se passer assurément de tout commentaire.

Pour vous mettre à même d'apprécier par la statistique la mortalité, à Lille, de la première enfance comparée à celle des autres âges jusqu'à vingt ans, je me suis adressé à M. le Docteur Chrestien, et ce confrère, avec son obligeance habituelle, s'est empressé de me transmettre les renseignements suivants :

ANNÉE 1861.

De 0 à 30 jours	5,25	décès pour 100	naissances.
De 1 à 6 mois	8,75	id.	id.
De 6 à 12 mois	6,09	id	id,
Pour la première année	20,09	id.	id.
A reporter. .	20,09	id.	id.

	Report.	20,09	pour 1,000 naissances.	
De 1 an à 2 ans.		6,89	id.	id.
De 2 à 3 ans.		2,93	id.	id.
De 3 à 4 ans.		1,66	id.	id.
De 4 à 5 ans.		0,97	id.	id.
Pour les cinq premières années. .		32,54	id.	id.
De 5 à 10 ans.		1,56	id.	id.
De 10 à 20 ans		2,91	id.	id.
	TOTAL.	37,01	id.	id.

Depuis 1860 , les décès ont toujours été en augmentant dans le cours de la première année.

De 19, 78 pour 0/0 en 1861, nous voyons la mortalité s'élever à 26, 02 en 1866 ; 27,65 en 1868 ; 33,81 en 1871.

En 1873, elle arrive à 22,32 pour 0/0 alors qu'elle n'était que de 11,82 pour 0/0 en 1856, 17,21 en 1857 ; 20,09 pour 0/0 en 1858, 19,69 pour 0/0 en 1859 et 18,72 en 1860. Elle n'est que de 18 pour 0/0 en France.

La moyenne de la mortalité pour la première année est de 21,23 pour 0/0 depuis l'agrandissement de la ville. — Nous pouvons donc tirer de cette triste conclusion que plus de cinq enfants sur cent meurent avant d'arriver au deuxième mois c'est-à-dire le quart de la mortalité de la première année, près de la moitié de la mortalité des quatre années suivantes, et près d'une cinquième en plus que celle de 5 à 20 ans.

Si nous extrayons de cette statistique générale la part qui revient aux enfants légitimes et aux enfants naturels, nous trouvons pour la première année :

En 1872,	enfants légitimes	17,50	pour %
En 1872,	enfants naturels	30, »	id.
En 1873,	enfants légitimes	20, »	pour %.
En 1873,	enfants naturel	29. »	id.

Ainsi donc, la mort enlève dans la première année près d'un cinquième des enfants légitimes et près d'un tiers des enfants naturels.

Si ces chiffres n'étaient pas assez éloquents pour légitimer l'intervention de la charité en faveur de nos jeunes enfants, on pourrait les étayer de quelques réflexions, les unes basées sur les révélations de la science, les autres sous l'insuffisance des secours que la société offre aux enfants nouveau-nés.

Il est parfaitement prouvé que la dégénérescence de l'espèce humaine se fait sentir dans nos grands centres industriels par le défaut de taille, et surtout par le rachitisme. Cette double cause provient surtout de ce que les enfants, au début de la vie, sont privés de la quantité de phosphate de chaux nécessaire à la nutrition des os. C'est pendant le premier mois que le lait de la femme et des animaux en contient le plus.

Un travail trop pénible, sitôt après l'accouchement, a pour conséquence d'en diminuer la proportion.

L'enfant s'en ressentira donc d'une manière fâcheuse, si le jour il est nourri par le lait d'une vache qui a mis bas depuis plusieurs mois, ou si la nuit, il ne reçoit de sa mère qu'un lait échauffé et appauvri par les fatigues et surtout par l'air confiné des ateliers.

A ce point de vue, un allaitement, protégé par de bonnes conditions hygiéniques pendant le premier mois, peut donc réagir d'une façon très-salutaire sur la constitution des jeunes enfants.

Une autre considération de nature à vous impressionner douloureusement, c'est l'insuffisance des secours accordés par nos établissements hospitaliers, ou par nos bureaux de bienfaisance aux enfants pendant les premiers mois de leur existence.

Tous les économistes sont d'accord pour déclarer que, dans toute société bien organisée, chaque âge de la vie a droit à l'assistance publique ou privée.

Ici à Lille, cette pratique humanitaire est noblement exercée pour tous les âges, excepté pour la première enfance, qui seule est repoussée de nos hôpitaux.

Et cependant, par suite des nombreuses maladies qui sévissent sur elle, et qui ont pour conséquence d'en élever la mortalité pendant les deux premières années à 27 p. %, des soins plus nombreux devraient lui être plutôt accordés qu'aux autres âges de la vie.

Pourquoi cet oubli si regrettable, contre lequel depuis près de trente ans protestent le corps médical et tous nos hygiénistes ?

La cause me paraît bien facile à expliquer : c'est que jusqu'à ce jour, on a trop compté sur le concours des administrations hospitalières, et pas assez sur l'initiative individuelle.

En voulant trop centraliser les secours, comme l'affirment tous les économistes, on tarit les sources de la charité.

En décentralisant, on permet au contraire à chacun d'apporter sa pierre au grand édifice de la bienfaisance privée, qui seule est active, puissante et en état de ne pas laisser une misère sans secours, une douleur sans consolation.

En déclarant que le jeune enfant pendant le premier mois de sa vie est privé de l'assistance qu'on accorde à tous les autres âges de la vie, j'émets, je le sens, une grave accusation contre notre organisation sociale, et il est de mon devoir d'en faire la preuve.

Recherchons donc la nature et l'importance des secours accordés à Lille aux femmes nouvellement accouchées et par suite à leurs enfants.

De la Société de la maternité, les mères mariées reçoivent après leur troisième accouchement, une somme de dix-huit francs et une layette. A raison de deux francs par jour, ce subside ne peut leur venir en aide que pendant neuf jours. Après cette époque, pour vivre, il faut retourner à l'atelier, et confier le jeune enfant à une étrangère.

La Société de la maternité distribue, je pense, 50,000 francs par an : 1500 femmes sont donc secourues par cette charitable institution.

Mais, dira-t-on, à Lille l'hôpital Saint-Sauveur a un service de maternité et un service d'enfants.

Le service de la maternité ne compte que seize lits et trois cents femmes au plus, chaque année, y font leurs couches. Chiffre bien insuffisant pour les 6000 accouchements qui ont lieu annuellement dans notre grande cité.

Du reste, les nombreux cas de fièvre puerpérale qui éclatent dans les hôpitaux ne me font pas regretter que le nombre des accouchées ne soit pas plus considérable. Quoi qu'il en soit, dans le service de la maternité, on ne conserve les femmes que neuf jours, puis, à moins d'affection grave, elles sont obligées de sortir et de reprendre leur travail.

Quant au service des enfants, qui ne possède que 22 lits, on ne reçoit que des enfants âgés de dix-huit mois au moins et de sept ans au plus.

Au dessous de dix-huit mois, quelle institution charitable adopte ces petits malheureux?

Les crèches, me répondra-t-on. C'est vrai, mais seulement après les trois premiers mois.

Cette œuvre pourrait rendre de signalés services à la première enfance, depuis trois mois jusqu'à deux ans, si elle était mieux connue, mieux appréciée et plus activement secourue.

Les trois crèches de Lille, celles de Saint-Sébastien, de Saint-Sauveur et de Saint-Joseph ne secourent chaque année que 75 enfants en moyenne, et ne peuvent en recevoir plus de 100.

Et en admettant que leur nombre, grâce à la charité privée ou publique, puisse augmenter d'une manière notable, il n'en résulterait pas moins qu'aucun établissement, qu'aucune société n'a mission de secourir les jeunes enfants à partir du neuvième jour jusqu'au troisième mois après la naissance.

S'ils sont malades, ils ne pourront même pas entrer avec leur mère bien portante dans la salle Sainte-Marguerite, de l'hôpital Saint-Sauveur, où se trouvent dix doubles lits.

Cependant, pour rendre justice aux nobles efforts de l'Administration des hospices, je dois ajouter que quand des mères ne peuvent, par suite de maladies, prendre soin de leur nourrisson, on place ces derniers à la campagne, et on les confie à des nourrices déjà chargées de leur propre enfant.

Loin d'encourager ces placements à la campagne, on devrait tâcher de les supprimer, en les remplaçant par une charitable institution, qui permettrait aux mères de se consacrer aux soins de la maternité.

En effet, d'après Valdruche, sur 112,000 enfants admis à l'hospice de 1816 à 1837, 30,000 sont morts à l'hospice, et 55,000 à la campagne; 27,000 seulement ont survécu. — Ainsi les 3/4 sont morts ou une moyenne de 76 %, tandis que pour une même période 46 % meurent en France. C'est donc une moyenne de 30 % en plus.

Les chiffres officiels pour l'année 1862 ne sont guères plus consolants pour l'humanité. Ils nous donnent pour la mortalité des enfants assistés de un jour à un an les chiffres suivants, dans les départements ci-dessous mentionnés :

Loire-Inférieure.	90,50	pour % naissances.
Seine-Inférieure.	87,36	id.
Eure.	78,12	id.
Calvados	70,09	id.
Aube	70,27	id.
Seine-et-Oise.	69,23	id.
Côte-d'Or.	66,46	id.
Indre-et-Loire.	62,16	id.
Manche.	58,66	id.

Une telle mortalité est bien plus déplorable que celle de nos grandes villes. Aussi le placement des enfants à la campagne ne trouve plus à notre époque de défenseur.

En 1859, la mortalité des enfants pour chacun des arrondissements de la ville de Lille, d'après le tableau dressé par M. le docteur Chrestien, se répartissait de la manière suivante depuis la naissance jusqu'à l'âge de cinq ans :

1°	Wazemmes.	43,39 pour 100 naissances.	
2°	Moulins-Lille.	40,22	id
3°	Esquermes.	36,55	id.
4°	3e Arrondissement (Porte de Béthune à St.-Sauveur)	34,69	id.
5°	1er Arrondissement (de la Petite-Place à la rue des Urbanistes).	34,36	id.
6°	2e Arrondissement (de la rue des Manneliers à la porte St.-André par la place du Lion-d'Or).	31,29	id.
7°	Fives	29,97	id.
8°	5e Arrondissement (de la porte Saint-André à la rue de la Barre).	29,47	id.
9°	4e Arrondissement (de la rue de la Barre à la Porte de Béthune par la Grand'Place).	27,73	id.

La différence entre la mortalité de Wazemmes et celle du 4e arrondissement a été de 15 pour 0/0.

En 1861, Lille n'accusait dans cette même période que 32,34 pour 0/0 c'est-à-dire un tiers des enfants nouveau-nés au lieu de plus des trois quarts révélés par la statistique des enfants placés à la campagne.

Ces divers chiffres sont corroborés par le tableau suivant et surtout par ceux annexés à la fin de cette étude.

TABLEAU *comparatif des naissances légitimes et naturelles, ainsi que des décès, de 0 jour à un an, à Lille, pendant les années* **1863, 1864, 1865** *et* **1866.**

		1863	1864	1865	1866
Naissances légitimes.		4016	4111	4477	4445
Naissances naturelles.		964	963	1078	1138
Décès de 0 à 6 mois. .	Enfants légitimes .	284	344	331	364
	Enfants naturels. .	122	133	143	160
Décès de 6 mois à 1 an.	Enfants légitimes .	131	156	160	216
	Enfants naturels. .	32	43	37	53
Morts-nés	Enfants légitimes.	315	296	348	363
	Enfants naturels. .	89	80	96	140

De ce tableau résulte, en effet, qu'il y a eu à Lille :

En 1863,	4970	naissances	et	953	décès	ou	17,16	pour %
En 1864,	5074	id.	et	1052	id.	ou	20,73	id.
En 1865,	5555	id.	et	1115	id.	ou	20,97	id.
En 1866,	5583	id.	et	1296	id.	ou	23,21	id.

Ces chiffres quoique moins déplorables que ceux fournis par le statistique de mortalité des enfants placés dans les hospices ou à la campagne, sont bien moins affligeants, si on songe que la mortalité des cinq premières années de la vie, n'est que de 29 pour 0/0 en France, et que dans notre ville elle s'élève à une moyenne de 32 à 33 pour 0/0.

La statistique de la mortalité des cinq premières années dans les douze principaux pays de l'Europe, d'après celle qui a été communiquée en 1866 par le docteur Farr, nous prouve que la France occupe le sixième rang. En effet nous voyons :

Norwège.	17	pour %	Prusse.	32	pour %
Danemark.	20	id.	Hollande.	33	id.
Suède	20	id.	Autriche.	36	id.
Angleterre.	26	id.	Espagne	36	id.
Belgique.	27	id.	Russie.	38	id.
France.	29	id.	Italie.	39	id.

M. Motard, dans son traité d'hygiène générale, se demande pourquoi il se fait qu'en Norwége, malgré la rigueur du climat, la mortalité des enfants soit si réduite ? Il en donne l'explication suivante qui peut être considérée comme le meilleur argument, en faveur de l'institution que nous vous proposons. — Des médecins du pays, déclare cet hygiéniste, consultés à cet effet, ont répondu qu'en Norwége, tous les enfants sont allaités par leurs mères pendant la première année. Les années suivantes, leur nourriture est frugale, et se compose de laitage en grande quantité.

Pour y subvenir, une population de 1,800,000 âmes entretient 800,000 têtes de bétail. — La nourriture lactée est donc très-générale ; en outre la vie se passe dans des fermes disséminées et très-peu dans des villes ou des villages. — Ainsi les mères remplissent, ajoute M. Motard, pendant un an leurs devoirs de nourrice en même temps qu'elles tiennent leur nourrisson réchauffé près d'elles. — En outre, elles continuent longtemps après la nourriture lactée.

De cette étude, découlent deux sages préceptes que nous devons méditer.

Il faut autant que faire se peut laisser le plus longtemps possible l'enfant avec sa mère, et s'adresser pour les secours que le jeune âge est en droit d'attendre de la Société, non à la charité publique, mais à la charité privée qui seule est inépuisable, et qui seule peut accepter et alléger toutes les misères.

Et pour mettre la charité privée à même de fonctionner d'une manière utile, régulière, sans encourager les vices et la paresse, il est indispensable de fonder en faveur des ouvrières des Caisses de secours dotées en partie par une retenue exercée sur les salaires, en partie par des dons des industriels, en un mot, des Caisses de secours, semblables à celles qui ont été créées à Mulhouse par M. Dolfus, et dont on peut apprécier par un fonctionnement de plusieurs années les excellents résultats.

Voici les motifs qui ont engagé en 1862, ce grand industriel à proposer cette association à ses confrères. — Il avait été frappé de l'influence funeste que le biberon exerce sur la vie des enfants.

Sur 61 cas de décès par défaut d'alimentation, 41 pouvaient être imputés à ce mode d'allaitement.

Il avait remarqué qu'à Mulhouse, la mortalité de la première année était de 30 à 38 pour 0/0, alors qu'elle ne s'élevait qu'à 20 ou 22 dans d'autres grands centres industriels.

Grâce à la Caisse de secours qui fonctionnait dans son vaste établissement, la mortalité s'était abaissée de douze à treize pour cent.

Pour obtenir cet important résultat, il avait payé aux ouvrières en couche leur salaire pendant six semaines, ce qui n'avait exigé que 70 francs pour chacune des femmes.

Pour M. Dolfus, si la moitié de la somme est versée par le fabricant, et l'autre par les femmes, il suffirait à chaque ouvrière de 18 à 40 ans de verser 15 centimes par quinzaine.

A Lille, des Caisses de secours existent dans un certain nombre de fabriques en faveur des ouvriers malades.

La femme nouvellement accouchée ne se trouve-t-elle pas dans l'impossibilité de travailler pendant le premier mois, par suite des fatigues de la grossesse, des douleurs de l'enfantement et des troubles que la parturition fait éprouver à son organisme ?

En ce cas, ne pourrait-on pas l'assimiler aux autres malades et lui accorder une part des fonds distribués par la Caisse générale de secours ?

Cette interprétation si légitime en faveur de la mère-nourrice a été adoptée par MM. Thiriez d'Esquermes-lez-Lille, et leurs ouvrières reçoivent une indemnité pendant les six premières semaines qu suivent l'accouchement.

C'est cette noble institution que je vous prie de vulgariser par tous les moyens dont vous pouvez disposer, et vous prouverez ainsi que notre Société industrielle est véritablement grande, non par la haute position de ses membres, mais par les sentiments d'affection et d'intérêt qu'elle éprouve pour les classes ouvrières et surtout par son désir de non moins contribuer à leur amélioration physique qu'à leur développement moral et intellectuel.

En s'engageant avec hardiesse et confiance dans cette voie humanitaire, elle peut être certaine d'imprimer une vive impulsion à notre industrie en lui faisant sentir, chaque jour, les avantages de sa grande et belle association. — Elle conservera de plus, au département du Nord le haut rang qu'il a su conquérir en France par son travail, sa sagesse et son activité.

Et la pensée, qu'en fortifiant la constitution des enfants, elle fournira plus tard au pays des hommes utiles pour sa prospérité, deviendra, avec la gratitude des familles secourues, sa plus douce récompense.

DEUXIÈME PARTIE.

ÉTUDE

SUR

LA STATISTIQUE DE LA VILLE DE LILLE,

pour prouver

LA PROGRESSION CROISSANTE DE LA MORTALITÉ DE LA PREMIÈRE ENFANCE ET DES MORT-NÉS,

depuis 1858, époque de son agrandissement, jusqu'en 1874,

ainsi que

LA NÉCESSITÉ DE CRÉER DES CAISSES DE SECOURS EN FAVEUR DES MÈRES-NOURRICES.

A l'appui du projet de création de caisses de secours en faveur des mères nourrices employées dans la grande industrie, j'ai pensé utile de puiser dans les documents officiels de statistique relevés chaque année par M. le docteur Chrestien, la preuve que la mortalité des enfants depuis leur naissance jusqu'à l'âge d'un an, ainsi que celle des mort-nés, suivait une progression croissante depuis 1858, époque de notre agrandissement jusqu'en 1874.

Cette étude aura de plus pour conséquence, je l'espère, d'engager l'autorité et nos magistrats à accorder leurs sympathies à de jeunes enfants si dignes de compassion et privés par un oubli regrettable de la société de la protection qu'on prodigue si généreusement à tous les autres âges de la vie. Cette étude ingrate a exigé de ma part non moins de patience que de temps.

Il m'a fallu rapprocher des chiffres disséminés dans de nombreux volumes et s'appliquant à une statistique générale de 18 années.

Pour rendre plus évidente la progression des décès, j'ai rapporté dans les tableaux I, II et III la moyenne de mortalité, par arrondissements, des enfants de 0 à 1 an, pendant les années 1856, 1857 et 1858 qui ont précédé notre agrandissement et je l'ai fait suivre d'une étude semblable, par arrondissements, jusqu'en 1861. Tableaux IV, V et VI.

A partir de 1861, les renseignements par arrondissements m'ont manqué et j'ai dû me contenter de donner la moyenne générale pour chaque période de trois ans.

Il m'a été toutefois possible de faire remonter à 1855 cette récapitulation comparative et de l'amener jusqu'en 1874.

C'est ce qui fait l'objet des tableaux VII, VIII, IX, X, XI et XII.

J'ai consacré les deux tableaux suivant XIII et XIV, au relevé général de la mortalité de 0 à 1 an pendant les trois années 1856, 1857 et 1858 qui ont précédé notre agrandissement et à celui des années suivantes jusqu'en 1874, en regrettant de ne pouvoir y comprendre 1862, dont la statistique n'a pas été faite officiellement.

Le tableau XIII prouve que, pendant les trois dernières années qui ont précédé notre agrandissement, le nombre des naissances s'est élevé à 8171, et les décès de 0 à 1 an à 1370 ou 16,50 décès pour 100 naissances, ou 1 décès sur 6,36 naissances.

Le tableau XIV justifie notre assertion que la mortalité a sensiblement augmenté depuis l'agrandissement. Son relevé général pour les années 1859 à 1874, excepté 1862, c'est-à-dire pour 14 ans, donne pour 76,024 naissances, 16,137 décès de 0 à un an, ou 21,23 décès pour cent naissances ou 1 décès sur 4,71 naissances; ce qui établit une différence en plus avec le tableau précédent de 4,73 décès pour 100 naissances, à la charge de notre dernière période, ou de plus d'un cinquième.

MORTALITÉ DES MORT-NÉS.

Pour connaître la mortalité proportionnelle des mort-nés, je me suis contenté de comparer ensemble deux périodes décennales, 1851 à 1862 et 1862 à 1873, que j'ai subdivisées chacune en cinq ans (Tableau XV). La première période décennale accuse sur

33,452 naissances 2,434 mort-nés ou 7,29 pour 100 naissances ou 1 mort-né sur 13,69 naissances.

La deuxième période prouve que sur 56,092 naissances, il y a eu 4,619 mort-nés ou 8,23 mort-nés pour 100 naissances ou 1 mort-né sur 12,14 naissances.

En conséquence, l'augmentation des mort-nés dans notre dernière période de 1862 à 1873 a été de près d'un huitième plus considérable que dans la première période de 1851 à 1862.

DES MALADIES, CAUSES DE MORTALITÉ.

Pour tâcher de découvrir les influences fâcheuses qui ont pu contribuer à la mortalité de nos jeunes enfants de 0 à 30 jours et d'un mois à un an, j'ai réuni dans le tableau XVI les principales affections relevées annuellement par M. le docteur Chrestien et pour mieux apprécier leur fréquence j'ai mis en regard les années 1856, 1857, 1858, 1859, 1860 et 1861.

Il m'a été possible pour ces quatre dernières années d'indiquer à quelle période de la première année certaines maladies faisaient le plus de victimes. Ces périodes comprennent :

De 0 à 30 jours ;
D'un mois à 6 mois ;
De 6 mois à 12 mois.

On peut en outre se rendre compte, d'après l'examen de ce tableau, de la moyenne de mortalité pour chacune de ces trois périodes.

Les renseignements qu'il offre sous le rapport des causes de la mortalité du premier mois méritent une attention spéciale.

Ainsi en 1858 :

Sur 529 morts pendant la première année, 185 ont succombé pendant le premier mois ; dont 135 de débilité, 19 de gastro-entérite et 14 de bronchite ou, pour ces trois maladies, 168 enfants ou les $\frac{8}{9}$

En 1859, nous avons eu :

Décès, 1re année	902
— 1er mois	216

Les trois maladies ci-dessus indiquées y figurent pour les proportions suivantes :

Débilité.	102	177
Gastro-entérite	40	
Bronchite.	35	

ou les $\frac{9}{10}$ du 1er mois.

En 1860 :

Décès, 1re année . . .	861
— 1er mois.	192

Par débilité.	86	171
— gastro-entérite.	40	
— bronchite.	45	

ou les $\frac{17}{19}$ du 1er mois.

En 1861 :

Décès, 1re année	918
— 1er mois.	247

Par débilité.	141	226
— gastro-entérite	40	
— bronchite.	45	

ou les $\frac{11}{12}$ du 1er mois.

Si l'on réunit ces quatre fractions, on a la preuve que les $\frac{7}{8}$ des enfants meurent pendant le premier mois de débilité, de bronchite ou de gastro-entérique, affections que l'on peut surtout rapporter au froid et à une alimentation mauvaise ou insuffisante.

CONCLUSIONS GÉNÉRALES.

De ce travail nous pouvons tirer cette triste conclusion, que la moyenne des décès de 0 à 1 an et celle des mort-nés depuis dix ans vont l'une et l'autre en augmentant. La moyenne de mortalité des enfants de 0 à 1 an, de 16,50 décès pour 100 naissances ou 1 sur 6,36 qu'elle était avant l'agrandissement, a atteint depuis le chiffre énorme de 21,23 °/₀ ou de 1 décès sur 4,71 naissances : augmentation de près d'un cinquième.

Quant à la moyenne des mort-nés des dix dernières années, comparée à celle des dix premières années, elle s'est accrue de 7,29 °/₀ à 8,23 °/₀ ou de près d'un huitième.

La débilité, la bronchite et la gastro-entérique enlèvent les $\frac{7}{8}$ de nos jeunes enfants. Ces affections nous paraissent surtout dues au froid et à une alimentation mauvaise ou insuffisante.

Il est temps que l'autorité se préoccupe de rechercher les moyens de combattre cette cause de dépopulation pour notre cité.

A cet effet, je crois indispensable pour diminuer le nombre de décès de 0 à 1 an :

1° De favoriser l'organisation des caisses de secours pour les mères-nourrices employées dans la grande industrie ;

2° De créer un service d'enfants malades dans nos hôpitaux, en rapport avec le chiffre actuel de nos habitants.

Et pour diminuer le nombre des mort-nés :

1° D'exiger une plus grande instruction de nos sages-femmes en les autorisant à suivre des cours de clinique dans une maternité ;

2° D'engager les médecins chargés de la constatation des décès à rechercher avec le plus grand soin les causes de mort de ces jeunes enfants et d'en faire un rapport très-circonstancié à l'autorité.

TABLEAU N° I.

Proportion, par arrondissements de la ville de Lille, des décès, de 0 à 1 an, aux naissances.

ANNÉE 1856. — POPULATION : 78,641 HABITANTS.

ARRONDISSEMENTS.	NAISSANCES.	DÉCÈS de la naissance à un an.	PROPORTION de décès pour 100 naissances.	RAPPORT aux naissances.
1er	756	101	13.35 p. %	1 sur 7 48
2e	592	65	10.97 —	1 sur 9.10
3e	708	79	12.99 —	1 sur 7.68
4e	269	26	9.66 —	1 sur 10.34
5e	407	52	12.77 —	1 sur 7.82
TOTAUX...	2732	323	soit 11.82 p. %	ou 1 sur 8.45

TABLEAU N° II.

Proportion, par arrondissements de la ville de Lille, des décès, de 0 à 1 an, aux naissances.

ANNÉE 1857. — POPULATION : 79,000 HABITANTS.

ARRONDISSEMENTS.	NAISSANCES.	DÉCÈS de la naissance à un an.	PROPORTION de décès pour 100 naissances.	RAPPORT aux naissances.
1er	714	141	19.75 p. %	1 sur 5.03
2e	515	88	17.08 —	1 sur 5 85
3e	707	127	17.96 —	1 sur 5.56
4e	315	38	12.06 —	1 sur 8.28
5e	421	77	18 28 —	1 sur 5.46
TOTAUX...	2672	471	soit 17.61 p. %	ou 1 sur 5 67

TABLEAU N° III.

Proportion, par arrondissements de la ville de Lille, des décès, de 0 à 1 an, aux naissances.

ANNÉE 1858. -- POPULATION : 79,438 HABITANTS.

ARRONDISSEMENTS.	NAISSANCES.	DÉCÈS de la naissance à un an.	PROPORTION de décès pour 100 naissances.	RAPPORT aux naissances.
1er	693	140		1 décès sur 4.95
2e	571	120		1 — sur 4.75
3e	729	154		1 — sur 4.73
4e	332	76		1 — sur 5.92
5e	442	86		1 — sur 5.13
TOTAUX...	2767	576	soit 20.09 p. % ou 1 décès sur 4.97	

TABLEAU N° IV.

Proportion, par arrondissements de la ville de Lille, des décès, de 0 à 1 an, aux naissances.

ANNÉE 1859. — POPULATION : 115,652 HABITANTS.

DÉSIGNATION des Arrondisse-sements.	Population	NAISSANCES.	DÉCÈS de la naissance à un an.	PROPORTION de décès pour 100 naissances.	RAPPORT aux naissances.
1er	19375	660	109		1 sur 5.3
2e	17718	533	112		1 sur 6.98
3e	18888	726	126		1 sur 5.85
4e	9224	299	49		1 sur 5.46
5e	14246	461	63		1 sur 4.55.
Wazemmes..	19179	1018	249		1 sur 4.81
Moulins-Lille.	7798	452	115		1 sur 8 77
Fives-Lille...	5428	313	57		1 sur 6.60
Esquermes. .	3796	134	28		1 sur 7.63
TOTAUX ...	115652	4596	908	soit 19.69 p. % ou 1 décès sur 5.07	

TABLEAU N° V.

Proportion, par arrondissements de la ville de Lille, des décès, de 0 à 1 an, aux naissances.

ANNÉE 1860. — POPULATION : 116,702 HABITANTS.

DÉSIGNATION des Arrondissements	NAISSANCES.	DÉCÈS.	PROPORTION de décès pour 100 naissances.	RAPPORT aux naissances.
1er arrondissem.	669	115		1 sur 5.72
2e — ..	514	75		1 sur 4.86
3e — ..	701	131		1 sur 6.22
4e — ..	275	42		1 sur 5.80
5e — ..	418	67		1 snr 5.34
Wazemmes	1067	250		1 sur 7.81
Moulins-Lille ..	440	99		1 sur 7.49
Fives.........	105	24		1 sur 7.61
Esquermes... .	277	50		1 sur 5.60
TOTAUX . ..	4466	853	18.72 p. %	1 sur 5.25

TABLEAU N° VI.

Proportion, par arrondissements de la ville de Lille, des décès, de 0 à 1 an, aux naissances.

ANNÉE 1861. — POPULATION : 131,827 HABITANTS.

DÉSIGNATION des arrondissements de la ville.	Nombre de naissances.	Nombre de décès.	NOMBRE DE DÉCÈS de 0 à 30 jours.	Rapport aux naissances	NOMBRE DE DÉCÈS de 1 mois à 6 mois.	Rapport aux naissances.	NOMBRE DE DÉCÈS de 6 mois à 1 an.	Rapport aux naissances.	RAPPORT des décès aux naissances pour la 1re année.
1er arrondiss.	702	120	37	5.27	54	7.69	29	4.13	17.09 p. %
2e —	529	78	25	4.72	29	5.48	24	4.53	14.73 —
3e —	663	155	41	6.18	67	10.10	47	7.08	23.36 —
4e —	306	48	18	5.88	21	6.86	9	2.93	15.67 —
5e —	426	67	15	3.52	30	7.04	22	5.16	15.72 —
6e —	1141	236	60	5.25	114	10. »	82	7.18	22.43 --
7e —	472	121	30	6.35	54	11.44	37	7.83	25.62 —
8e —	134	27	5	3.75	13	9.70	9	6.71	20 16 —
9e —	367	82	18	4.90	34	9.26	30	8.17	22.33 —
TOTAUX...	4740	934	249	5.25	416	8.75	289	6 09	19.78 p. % ou 5.07 sur 100 naiss.

TABLEAU N° VII.

Récapitulation proportionnelle des décès aux naissances, pendant les années 1856, 1857, 1858, *avant l'agrandissement de la ville.*

DÉSIGNATION des années.	NOMBRE de naissances	NOMBRE de décès.	PROPORTION de décès pour 100 naissances.	RAPPORT aux naissances.
1856	2732	323	11.82 p. %	1 sur 8.45
1857	2672	471	17.61 —	1 sur 5.67
1858	2767	576	20.09 —	1 sur 4.97
TOTAUX...	8171	1370	soit 16.50 p. % ou	1 sur 6.36

TABLEAU N° VIII.

Récapitulation proportionnelle des décès aux naissances, pendant les années 1859, 1860, 1861, *après l'agrandissement de la ville.*

DÉSIGNATION des années.	NOMBRE de naissances	NOMBRE de décès.	PROPORTION de décès pour 100 naissances.	RAPPORT aux naissances.
1859	4596	909	19.69 p. %	1 sur 5.07
1860	4466	853	18.72 —	1 sur 5.25
1861	4740	934	19.78 —	1 sur 5.07
TOTAUX..	13802	2796	soit 19.39 p. % ou	1 sur 5.13

TABLEAU N° IX.

Récapitulation proportionnelle des décès de 0 *à* 1 *an aux naissances, pendant les années* 1863, 1864 *et* 1865.

ANNÉES.	NAISSANCES.	DÉCÈS de 0 à 1 an.	PROPORTION de décès pour 100 naissances.	RAPPORT aux naissances.
1863	4980	569	11.42 p. %	1 sur 8.75
1864	5074	676	11 32 —	1 sur 7.50
1865	5555	651	11.71 —	1 sur 8.53
TOTAUX...	51609	1896	11 49 p. % ou	1 sur 8.26

TABLEAU N° X.

Récapitulation proportionnelle des décès de 0 *à* 1 *an aux naissances, pendant les années* 1866, 1867 *et* 1868.

ANNÉES.	NAISSANCES.	DÉCÈS de 0 à 1 an.	PROPORTION de décès pour 100 naissances.	RAPPORT aux naissances.
1866	5583	1453	26.02 p. %	1 sur 3.84
1867	5843	1409	24.11 —	1 sur 4.14
1868	5667	1565	27.65 —	1 sur 3 62
TOTAUX...	17093	4427	soit 25.93 p. % ou	1 sur 3.87

TABLEAU N° XI.

Récapitulation proportionnelle des décès de 0 *à* 1 *an aux naissances, pendant les années* 1869, 1870 *et* 1871.

ANNÉES.	NAISSANCES.	DÉCÈS de 0 à 1 an.	PROPORTION de décès pour 100 naissances.	RAPPORT aux naissances.
1869	5832	1262	21.63 p. %	1 sur 4.62
1870	6130	1475	24.06 —	1 sur 4.15
1871	5350	1809	33.81 —	1 sur 2.95
TOTAUX...	17312	4546	26.50 p. % ou	1 sur 3 91

TABLEAU N° XII.

Récapitulation proportionnelle des décès de 0 *à* 1 *an aux naissances, pendant les années* 1872 *et* 1873.

ANNÉES.	NAISSANCES.	DÉCÈS de 0 à 1 an.	PROPORTION de décès pour 100 naissances.	RAPPORT aux naissances.
1872	6286	1250	19.88 p. %	1 sur 4.91
1873	5922	1323	22.32 —	1 sur 4.41
	12208	2573	soit 21.40 p. % ou	1 sur 4.16

TABLEAU N° XIII.

Récapitulation générale avant l'agrandissement, 1856 — 1857 — 1858.

ANNÉES.	NAISSANCES.	DÉCÈS de 0 à 1 an.	PROPORTION de décès pour 100 naissances.	RAPPORT aux naissances
1856 1857 1858	8171	1370	16.50 p. % ou	1 sur 6.36

TABLEAU N° XIV.

Récapitulation générale après l'agrandissement, de 1858 — 1874.

ANNÉES.	NAISSANCES.	DÉCÈS de 0 à 1 an.	PROPORTION de décès pour 100 naissances.	RAPPORT aux naissances.
1859 1860 1861 1863 1864 1865 1866 1867 1868 1869 1870 1871 1872 1873	76024	16137	21.23 p. % ou	1 sur 4.71

L'année 1862 n'a pas été relevée.

TABLEAU N° XV.

Rapport des mort-nés aux naissances, de 1852 à 1874, par périodes de cinq ans.

ANNÉES.	NAISSANCES.	MORT-NÉS.	RAPPORT des mort-nés aux naissances.
1852 1853 1854 1855 1856	13057	972	1 sur 13.43
1857 1858 1859 1860 1861	20395	1462	1 sur 13.95
TOTAL...	33452	2434 Moyne.	1 sur 13.69
1863 1864 1865 1866 1867	26825	2202	1 sur 12.18
1868 1869 1870 1871 1872	29267	2417	1 sur 12.10
TOTAL...	56092	4619 Moyne.	1 sur 12.14
1873	5922	472	1 sur 12.54

Il résulte de ce tableau que la moyenne des mort-nés des dix dernières années, comparée à celle des dix premières, s'est accrue d'un huitième environ. Elle est de 1 sur 12.14. A Paris, de 1836 à 1844, elle n'a été que de 1 sur 14.3.

Échelle de la mortalité des enfants depuis leur naissance jusqu'à un an, de 1855 à 1874, à Lille.

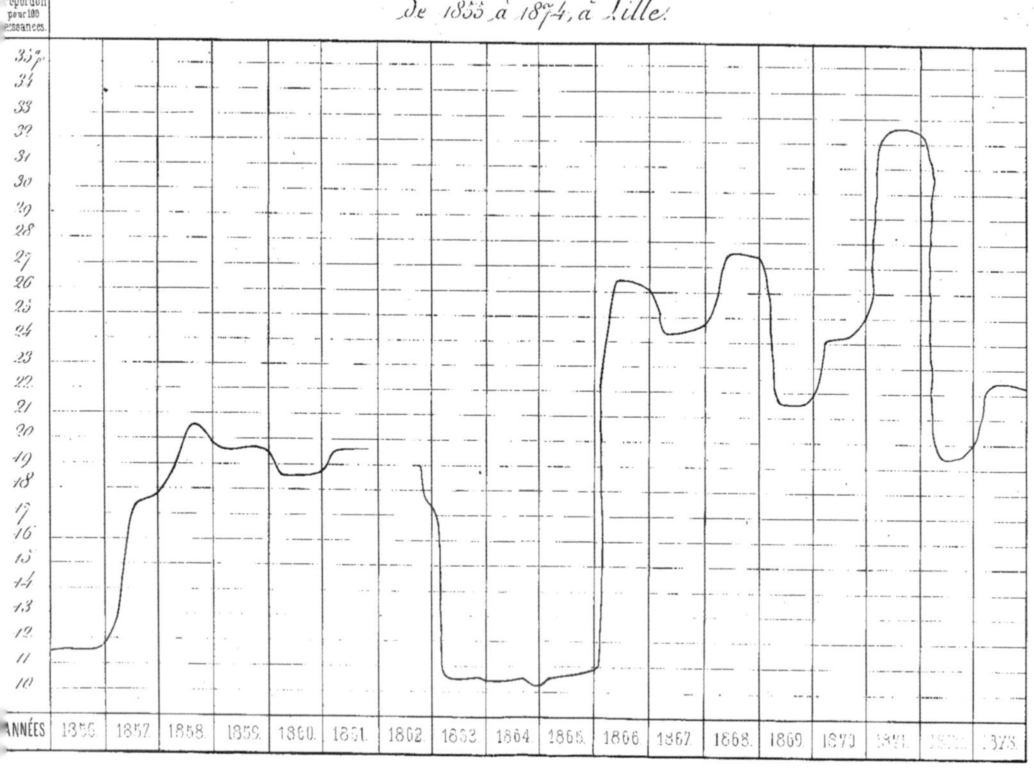

Echelle progressive de la mortalité des mort-nés par période de cinq années depuis 1852 jusqu'à 1873, à Lille.

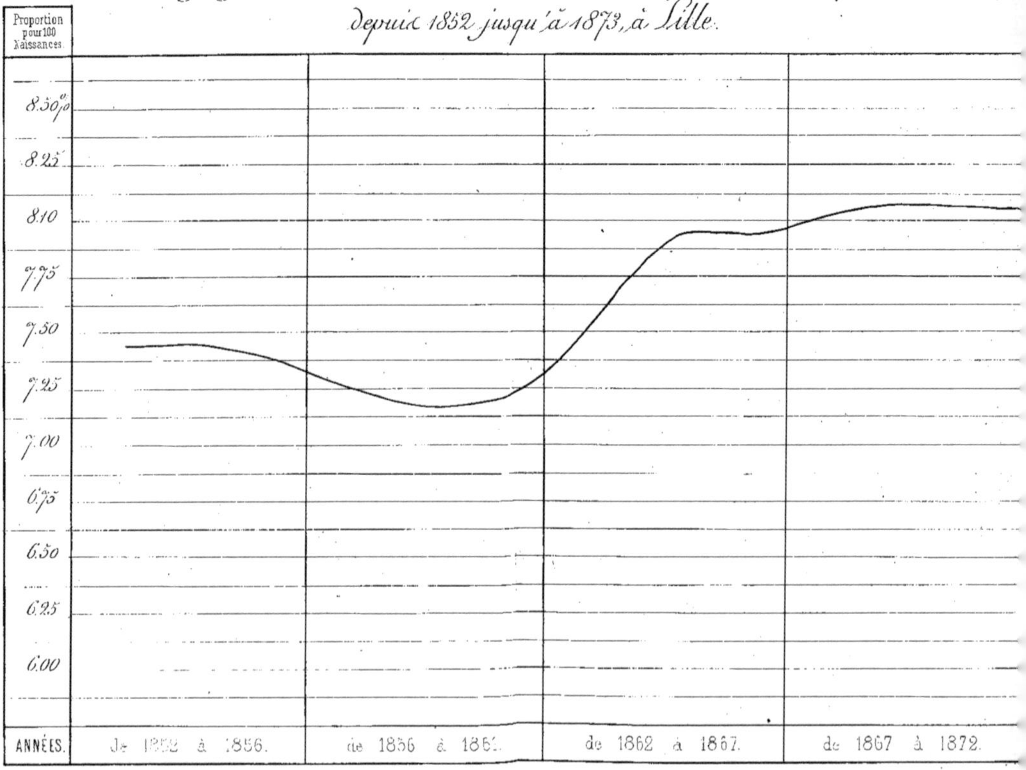

Proportion pour 100 Naissances.

8.50 %
8.25
8.10
7.75
7.50
7.25
7.00
6.75
6.50
6.25
6.00

ANNÉES. de 1852 à 1856. de 1856 à 1861. de 1862 à 1867. de 1867 à 1872.

Tableau XVI.

Tableau des maladies causes des décès des enfants de 0 à 1 an, pendant les années 1856, 1857, 1858, 1859, 1860 et 1861, de la ville de Lille.

DÉSIGNATION des MALADIES.		ANNÉE 1856 — Décès.	ANNÉE 1857 — Décès.	ANNÉE 1858. — De 0 à 1 an.				ANNÉE 1859. — De 0 à 1 an.				ANNÉE 1860. — De 0 à 1 an.				ANNÉE 1861. — De 0 à 1 an.			
				De 0 à 30 jours	De 1 mois à 6 mois.	De 6 mois à 12 mois.	De 0 à 1 an.	De 0 à 30 jours.	De 1 mois à 6 mois.	De 6 mois à 12 mois.	De 0 à 1 an.	De 0 à 30 jours.	De 1 mois à 6 mois.	De 6 mois à 12 mois.	De 0 à 1 an.	De 0 à 30 jours.	De 1 mois à 6 mois.	De 6 mois à 12 mois.	De 0 à 1 an.
SYSTÈME NERVEUX.	Congestion cérébrale	4	1	»	»	»	»	1	2	1	4	4	2	1	7	6	2	»	8
	Convulsions.	85	81	9	50	13	72	15	32	6	53	»	»	»	»	»	»	»	»
	Méningite.	18	36	2	4	30	36	1	32	52	85	9	51	86	146	11	71	99	181
	Diverses causes. ...	»	2	»	»	2	2	»	3	5	8	2	1	2	5	»	2	»	2
RESPIRATOIRE.	Pneumonie et bronchite.	28	59	14	46	28	88	35	68	40	143	45	88	63	196	18	73	43	134
	Coqueluche........	25	23	»	2	12	14	»	9	5	14	»	17	23	40	»	9	14	23
	Croup.............	5	5	»	7	12	19	»	6	20	26	»	8	22	30	»	4	6	10
	Diverses causes....	5	6	»	6	4	10	»	5	2	14	»	1	»	1	»	»	1	1
CIRCULATOIRE.	Diverses causes....	4	6	»	2	»	2	2	2	3	7	»	2	2	4	1	1	1	3
DIGESTIF.	Gastro-entérite.....	112	106	19	74	27	120	40	197	88	325	40	149	96	285	69	191	92	352
	Diverses causes. ...	5	18	4	3	3	10	15	28	28	71	»	2	1	3	»	3	1	4
CAUSES DIVERSES	Fièvres éruptives...	29	8	2	5	13	20	5	12	6	23	5	7	13	25	1	1	3	5
	Accidents et brûlures	»	»	»	»	1	1	»	»	1	1	1	5	»	6	»	»	3	3
	Débilité et anémie..	142	114	135	»	»	135	102	8	8	128	86	16	11	113	141	35	16	192
	TOTAUX.......	462	465	185	199	145	529	216	414	272	902	192	349	320	861	247	392	279	948
				529				902				861				948			

D'après le tableau XVI on peut rapporter le plus grand nombre des décès de 0 à 1 an à la débilité et aux affections du tube digestif et des organes respiratoires.

Les affections du tube digestif et la débilité nous paraissent dues à une alimentation mauvaise ou insuffisante.

On peut attribuer au froid les affections des organes respiratoires.

En permettant aux mères nourrices de se vouer aux soins de la maternité pendant le premier mois qui suit l'accouchement, nous sommes convaincu que la mortalité due à cette simple cause, diminuerait d'une manière très-sensible au moins de 13 %, ainsi que l'a constaté **M. Dolfus** à Mulhouse après l'organisation des caisses de secours.

TROISIÈME PARTIE.

RÈGLEMENTS

ET

PIÈCES RELATIVES AU MODE DE FONCTIONNEMENT DE L'ASSOCIATION DES FEMMES EN COUCHES DE MULHOUSE

ET

DE LA CAISSE DE SECOURS AUX OUVRIERS MALADES DES FILATURES DE MM. THIRIEZ, DE LILLE.

Quand une institution charitable a reçu la sanction de la pratique et de l'expérience, elle se trouve dans les meilleures conditions pour réunir la sympathie des hommes de cœur, toujours disposés à faire le bien et à venir en aide aux classes nécessiteuses.

Tel est l'heureux privilége de la création que je m'efforce de vulgariser en faveur des mères nourrices qui travaillent dans la grande industrie.

Dès 1866, une vaste association s'organisait en Alsace sous l'impulsion de MM. Dolfus, Mieg, Steinbach Kœchlein et Ce, Ed. Vascher et Ce, etc.

Dans le bulletin de la Société industrielle de Mulhouse (avril et mai 1869), nous avons retrouvé le règlement et les diverses pièces relatifs au mode de fonctionnement de cette œuvre humanitaire,

Nous avons cru utile pour la cause que nous défendons de la reproduire à la fin de ce travail, afin de permettre à nos chefs d'industrie d'y puiser des renseignements pour la future organisation de leur caisse de secours.

Loin de nous la pensée qu'on doive, pour venir en aide aux femmes nouvellement accouchées suivre à la lettre le plan tracé par cette grande association. Elle était unique en Alsace. Son concours était assuré à toutes les ouvrières indistinctement dont les patrons étaient devenus souscripteurs.

On prélevait dans une caisse générale les sommes destinées à l'allocation des secours. Il en résultait qu'une femme, quittant un établissement pour aller dans un autre affiliée à l'association, était certaine de ne pas être délaissée pendant les six premières semaines de son allaitement.

Rien de plus parfait qu'une semblable organisation ; mais nous savons par expérience les difficultés inhérentes à la formation d'une œuvre aussi universelle. Nous croyons qu'on peut arriver au même but d'assistance avec l'initiative individuelle.

Le règlement et les pièces ci-dessous rapportés sont livrés à la publicité, non pour être adoptés d'une manière absolue, mais pour convaincre des avantages et de la nécessité de cette belle institution.

Ainsi, dans le cas où une caisse de secours existerait dans un établissement, en faveur des ouvriers malades, il suffirait d'en faire profiter pendant un mois ou six semaines les mères nourrices.

Et si une caisse générale n'existait pas, rien de plus facile pour un industriel de créer une caisse spéciale pour les accouchées, sans être obligé de faire de la propagande près de ses collègues.

C'est sous ces réserves que nous reproduisons le règlement et les pièces suivantes de l'association de Mulhouse et de la caisse de secours aux ouvriers malades des filatures de MM. Thiriez.

NOTE A.

RÈGLEMENT

de l'Association des Femmes en couches de Mulhouse.

en date du 20 juillet 1866.

ARTICLE Ier. — A partir du 15 août 1866, il sera accordé à toutes les ouvrières qui travaillent dans les établissements de l'Association des femmes en couches, un secours en argent, lorsqu'elles seront en couches, et cela, aux conditions indiquées ci-dessous.

ART. II. — Pour avoir droit à ce secours, il faudra que l'accouchée ait travaillé au moins pendant dix mois sans interruption dans les établissements des fabricants soussignés. Cette mesure ne sera toutefois appliquée qu'à dater du 15 juin 1867. Jusque-là toutes les accouchées qui travaillent chez les fabricants soussignés recevront les secours indiqués à l'article 3 *(A)*.

ART. III. — La somme qui sera payée journellement à titre de secours sera équivalente au salaire moyen quotidien des six mois qui auront précédé le jour où l'ouvrière aura cessé de travailler *(B)*.

ART. IV. — Pour arriver à réunir les fonds nécessaires pour les paiements mentionnés à l'article III, toutes les femmes travaillant dans les établissements des fabricants soussignés, et âgées de 18 à 45 ans, auront à payer 15 centimes par quinzaine. Les fabricants verseront une somme égale pour chacune des femmes employées par eux *(C)*.

ART. V. — Les ouvrières recevront ce secours durant six semaines, à partir du jour qui suivra leurs couches.

ART. VI. — Dans le cas où l'enfant mourrait, les secours cesseront, à partir de ce jour, d'être donnés à l'accouchée. Toutefois, les secours donnés ne pourront cesser avant trois semaines après les couches *(D)*.

ART. VII. — Les médecins attachés aux établissements des soussignés seront chargés, après avoir visité l'accouchée, de délivrer, chaque quinzaine, les certificats d'après lesquels les paiements seront effectués aux jours de paie ordinaires.

Art. VIII. — Dans les établissements où il existe des associations pour donner des secours en cas de maladie, la subvention dont il est question à l'article 3 cessera d'être payée pendant tout le temps que ces secours seront donnés.

Art. IX. — Toute ouvrière recevant des secours sera dans l'obligation de cesser tout travail pendant le temps que ces secours lui seront accordés, afin de pouvoir donner à son enfant tous les soins nécessaires. Si cet engagement n'était pas rempli, les secours ne seraient plus délivrés dès le jour où il aurait cessé d'être observé *(E)*.

Art. X. — Les soussignés feront visiter fréquemment les ouvrières en couches par des sages-femmes ou des médecins qui seront chargés de leur donner les soins convenables ou de bons conseils.

Art. XI. — Pour surveiller tout ce qui se rapporte à la présente Association entre les fabricants et les ouvrières employées par eux, il sera institué une Commission composée de fabricants, de contre-maîtres et d'ouvriers.

Signé : Dollfus-Mieg et Cie ; Steinbach-Kœchlin et Cie ; Ed. Vaucher et Cie ; Thierry-Mieg et Cie ; Larsonnier Frères ; Frères Kœchlin ; Frères Heilmann ; Dollfus et Mantz.

(A) Cet article a été modifié le 2 mars 1867 en ce sens : « qu'une absence de l'ouvrière, motivée par une maladie donnant lieu à une incapacité de travail dûment constatée par un médecin, ne prive pas celle-ci du droit aux secours de la caisse. »

Quelques malentendus ayant eu lieu au sujet de l'interprétation de l'art. 2, il est expliqué que, dès qu'une ouvrière quitte un établissement faisant partie de l'Association, elle cesse d'avoir droit au secours. Dans le cas seulement où elle se rend de l'un des établissements associés dans un autre qui l'est également, elle est à considérer comme étant restée dans le même établissement, c'est-à-dire qu'elle continue ses versements de 15 centimes par quinzaine, et a droit au secours si elle travaille depuis dix mois au moins chez l'un ou l'autre des fabricants associés. Dans le cas où une ouvrière faisant partie de l'Association quitterait l'établissement dans lequel elle est employée, il lui sera, sur sa demande, remis une carte sur laquelle seront inscrits les versements consécutifs faits à la caisse de l'Association.

(*Décision du 8 juin 1867.*)

(*B*) Cet article a été supprimé le 2 mars 1867 et remplacé par le suivant : « Toutes les accouchées recevront une somme fixe de 18 fr. par quinzaine. »

(*C*) A chaque versement de quinzaine qui sera fait à chaque paie par l'un des établissements à la caisse de l'Association, il devra être remis un état nominatif des femmes qui ont opéré un versement de quinze centimes par quinzaine. (Séance du 13 Juillet 1867.)

(*D*) Le 25 novembre 1867. Le Comité a décidé : qu'en cas de décès de la mère, les secours continueront si l'enfant vit, et cela jusqu'à l'expiration des six semaines.

Le 3 juin 1867. Le Comité a décidé : qu'il serait alloué un secours de 18 francs aux ouvrières qui feraient une fausse couche d'au moins quatre mois, à la condition qu'elles cessent immédiatement leur travail pendant quinze jours au moins.

Le 13 juillet 1867. Le Comité a décidé : que les accouchées qui sans motif valable (constaté au besoin par certificat d'un médecin) auront cessé d'allaiter leur enfant, se verront refuser tout secours à partir du jour où l'allaitement aura cessé.

(*E*) Le 25 mai 1868. Le Comité a arrêté que : lorsqu'une femme, dans le but de donner des soins à son enfant reste chez elle et ne retourne pas au travail à l'expiration des six semaines qui ont suivi ses couches, elle pourra continuer à faire partie de l'Association en versant une cotisation de 30 centimes par quinzaine. Toutefois, ce ne sera qu'aux conditions suivantes que cela pourra avoir lieu : L'ouvrière allaitera elle même son enfant, sinon elle fournira des motifs valables appuyés d'un certificat de médecin.

Trois mois après l'accouchement, cette faculté de continuer à faire partie de l'Association, ainsi qu'il a été dit, cessera.

Note B.

Mulhouse, le ....18...

1. Nom et prénoms de l'accouchée ....
2. Profession de l'ouvrière ....
3. Domicile ....
4. Date de l'entrée dans l'établissement ....
5. Id. la caisse ....
6. Salaire moyen par quinzaine pendant les six mois qui ont précédé l'accouchement ....
7. Date de l'accouchement ....
8. Sexe du nouveau-né ....
9. Enfant légitime ou illégitime ....
10. État sanitaire au bout de six semaines de la mère ....
11. Id. id. de l'enfant ....

12. Observations ....
....
....
....
....

Somme reçue par l'accouchée pendant les six semaines ....

ASSOCIATION DES FEMMES EN COUCHES

ÉTABLISSEMENT ....

1. Nom et prénoms de l'accouchée ....
2. Domicile ....
3. Date de l'entrée dans l'établissement ....
4. Salaire moyen par quinzaine ....
5. Date de l'accouchement ....
6. Enfant légitime ou illégitime ....
7. Sexe du nouveau-né ....
8. État sanitaire au bout de six semaines de la mère ....
9. Id. id. de l'enfant ....
10. Observations ....
....

Mulhouse, le ....18...

NOMBRE DE VISITES DE		SOMMES PAYÉES A L'ACCOUCHÉE		SIGNATURE DE L'ACCOUCHÉE.
la garde-malade.	la directrice.	1re quinzaine.	....	
		2e quinzaine.	....	
		3e quinzaine.	....	
		Total....	....	*Mulhouse, le*......18...

Ce bulletin (détaché du livre à souches) sera retourné à l'établissement au bout de six semaines.

Note C.

Bulletin à envoyer au bout de six semaines au comité de direction avec les réponses aux notes indiquées ci-bas.

1. Nom et prénoms de l'accouchée.
2. Domicile.
3. Profession du père.
4. » de la mère.
5. Établissement dans lequel elle est occupée.
6. Date d'entrée dans cet établissement.
7. La mère a-t-elle travaillé sans interruption jusqu'à ses couches?
8. Y a-t-il eu certificat de médecin motivant une interruption de travail?
9. Date de l'accouchement.
10. Enfant légitime ou illégitime.
11. Sexe du nouveau-né.
12. Connaît-on les motifs pour lesquels l'accouchée n'est pas mariée?
13. État sanitaire après la naissance — de la mère.
14. » » — de l'enfant.
15. » au bout de six semaines — de la mère.
16. » » » — de l'enfant.
17. Y a-t-il eu un médecin appelé auprès de la mère? } lequel?
18. » » » de l'enfant? } lequel?
19. La mère est-elle dans l'aisance, dans la pauvreté ou dans la misère?
20. Quelle somme a été remise par la caisse de l'Association?
21. Y a-t-il eu des secours accordés en dehors de ceux fournis par l'Association?
22. La mère a-t-elle allaité son enfant pendant ces six semaines, sinon, pour quels motifs?
23. Comment l'enfant a-t-il été nourri, s'il n'a pas été allaité?
24. La mère a-t-elle l'intention de continuer l'allaitement?
25. La mère a-t-elle l'intention de rentrer au travail à l'expiration des six semaines?
26. Nombre de visites faites par la directrice.
27. » » » les gardes-malades.

Bulletin à envoyer au bout de trois mois au comité de direction.

1. Nom et prénoms de l'accouchée.
9. Date de l'accouchement.
15. État sanitaire de la mère.
16. » de l'enfant.
25. La mère est-elle rentrée au travail, et à quelle époque ?
22. La mère a-t-elle continué à allaiter ? jusqu'à quelle époque ?
23. Si la mére n'a pas continué à allaiter, comment l'enfant a-t-il été nourri ?

Bulletin à envoyer au bout de six mois au comité de direction.

1. Nom et prénoms de l'accouchée.
9. Date de l'accouchement.
16. État sanitaire de l'enfant.
25. La mère est-elle rentrée au travail, et à quelle époque ?
22. La mère a-t-elle continué à allaiter, et jusqu'à quelle époque ?

Bulletin à envoyer au bout d'un an au comité de direction.

1. Nom et prénoms.
9. Date de l'accouchement.
16. État sanitaire de l'enfant.
25. La mère est-elle rentrée au travail, et à quelle époque ?
22. La mère a-t-elle continué à allaiter, et jusqu'à quelle époque ?
23. L'enfant a-t-il été légitimé avant l'année révolue, et à quelle époque ?

Note D.

MOUVEMENT DE LA CAISSE PENDANT LA PREMIÈRE ANNÉE.

Du 15 *août* 1866 *au* 15 *août* 1867.

Recettes		
Recettes totales (provenant des cotisations)	fr.	14,840 30
Somme avancée par l'un des fabricants, membre de l'Association	»	1,900 —
	fr.	16,740 30

Dépenses.		
Remis aux accouchées	fr.	14,293 80
Appointements de la directrice	»	500 15
Gages des deux gardes-malades	»	1,097 15
Indemnité aux gardes-malades pour courses dans les villages	»	94 80
Loyer du bureau de la directrice	»	216 —
Pupitre, boîtes aux lettres, registre, affiches, règlements, brochures et diverses dépenses d'installation	»	371 —
Médicaments et lingerie fournis à quelques ouvrières qui se trouvaient dans la misère (non compris les secours accordés par les chefs d'établissement)	»	36 55
Solde en caisse le 15 août 1867	»	130 85
	fr.	16,740 30

Il y a donc eu un déficit de fr. 1,769 15 pendant la première année. L'un des fabriçants, membre de l'Association, a généreusement offert au comité de prendre le déficit à sa charge jusque fin août 1868.

MOUVEMENT DE LA CAISSE PENDANT LA SECONDE ANNÉE.

Du 15 *août* 1867 *au* 15 *août* 1868.

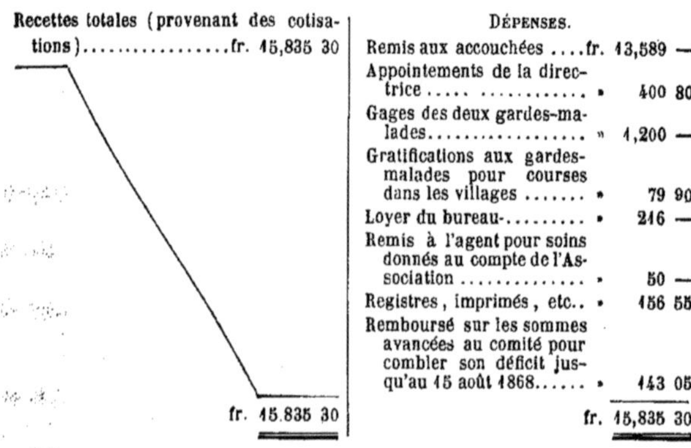

Recettes totales (provenant des cotisations)	fr.	15,835 30	Dépenses.		
			Remis aux accouchées	fr.	13,589 —
			Appointements de la directrice	»	400 80
			Gages des deux gardes-malades	»	1,200 —
			Gratifications aux gardes-malades pour courses dans les villages	»	79 90
			Loyer du bureau	»	216 —
			Remis à l'agent pour soins donnés au compte de l'Association	»	50 —
			Registres, imprimés, etc.	»	156 55
			Remboursé sur les sommes avancées au comité pour combler son déficit jusqu'au 15 août 1868	»	143 05
	fr.	15.835 30		fr.	15,835 30

MOUVEMENT DE LA CAISSE PENDANT LE PREMIER SEMESTRE DE LA TROISIÈME ANNÉE.

Du 15 *août* 1868 *au* 15 *février* 1869.

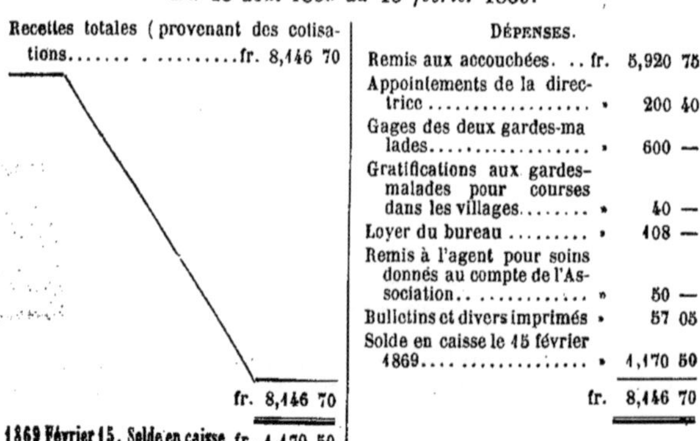

Recettes totales (provenant des cotisations	fr.	8,146 70	Dépenses.		
			Remis aux accouchées	fr.	5,920 75
			Appointements de la directrice	»	200 40
			Gages des deux gardes-malades	»	600 —
			Gratifications aux gardes-malades pour courses dans les villages	»	40 —
			Loyer du bureau	»	108 —
			Remis à l'agent pour soins donnés au compte de l'Association	»	50 —
			Bulletins et divers imprimés	»	57 05
			Solde en caisse le 15 février 1869	»	1,170 50
	fr.	8,146 70		fr.	8,146 70
1869 Février 15. Solde en caisse	fr.	1,170 50			

Note E.

RÈGLEMENT

DES

FILATURES DE MM. THIRIEZ PÈRE ET FILS.

LILLE ET LOOS.

Secours aux ouvriers malades.

Article 1er. — Les Ouvriers malades et dont la maladie sera constatée par un Médecin, recevront les secours suivants, s'ils travaillent depuis trois mois :

Hommes mariés	1 fr.	par jour de maladie.	
Hommes et femmes au-dessus de 16 ans	0 60 c.	id.	id.
Enfants de 12 à 16 ans	0 40 c.	id.	id.

Art. 2. — Considérant les services rendus par les ouvriers en raison de leur ancienneté dans l'établissement, ces sommes seront augmentées de :

Un quart pour ceux travaillant depuis			3 ans,	sans être sortis.	
Moitié	id.	id.	6	id.	id.
Trois quarts	id.	id.	9	id.	id.
Et seront doublées		id.	12	id.	id.

Art. 3. — Les ouvriers seront portés malades à la réception du certificat du Médecin. — Un nouveau certificat devra être donné chaque semaine jusqu'à guérison.

Art. 4. — Les ouvriers malades qui seraient soignés dans les Hôpitaux recevront la moitié du tarif.

Art. 5. — Il ne sera rien donné pour une maladie de moins de trois jours, ni pour une maladie causée par l'ivresse on autre cause non avouable.

Art. 6. — Les ouvriers faisant un commerce quelconque soit par eux-mêmes, soit par des membres de leur famille, ne recevront que la moitié du tarif.

Art. 7. — Après une maladie de trois mois, les secours seront réduits de moitié. — Le tarif complet ne sera appliqué à nouveau qu'après un travail consécutif de trois mois.

Art. 8. — **Les femmes en couches recevront les secours pendant leur absence, qui doit être de six semaines, pour bien se soigner et soigner leur nouveau-né.**

Après ce délai, si elles sont malades, elles rentreront naturellement dans le cas ordinaire et seront tenues aux certificats du Médecin, comme il est dit ci-dessus. — Ces ouvrières savent que, dès l'âge de trois mois, elles peuvent confier leurs enfants à la Crèche de l'établissement et les y laisser jusqu'à trois ans, époque à laquelle ils passent à la Salle d'asile.

Art. 9. — Nous engageons vivement les ouvriers à faire partie des Sociétés de secours mutuels qui sont établies à Lille ou dans les Communes. Les secours que ces Sociétés donnent, ajoutés à ceux qu'ils reçoivent de la Filature sans aucun versement, leur permettront de pourvoir à leurs besoins en cas de maladie.

Mars **1867.**

SOCIÉTÉ INDUSTRIELLE
du
NORD DE LA FRANCE.

COMITÉ D'UTILITÉ PUBLIQUE.

CIRCULAIRE.

Lille, le 6 juillet 1874.

MONSIEUR,

La Société Industrielle du Nord de la France, émue de la grande mortalité qui pèse sur les jeunes enfants pendant la première année de leur existence, a pensé qu'on pourrait combattre cette cause si puissante de dépopulation en créant en faveur des mères nourrices, qui travaillent dans la grande industrie, des Caisses de secours.

Une semblable institution existe en Alsace, depuis 1862, grâce à l'initiative de MM. Dolfus, et a eu pour conséquence, dès le début de son fonctionnement, de diminuer de 13 p. °/₀ la mortalité du jeune âge.

Devant des résultats si satisfaisants, la Société Industrielle n'a pas hésité à prêter son appui à la vulgarisation de cette œuvre humanitaire.

Elle a compté, Monsieur et cher Collègue, sur votre puissant et dévoué concours pour faciliter la création de ces Caisses de secours, à l'aide desquelles toute femme nouvellement accouchée pourrait, pendant six semaines, ou au moins pendant un mois, se vouer aux soins de la maternité.

La Société, sans oser prétendre voir s'organiser, dans chaque ville, une association générale semblable à celle de l'Alsace, a l'honneur de vous proposer de créer dans votre établissement une caisse spéciale en faveur des mères-nourrices, à moins que vous ne possédiez une caisse générale de secours pour vos ouvriers. Dans ce cas, il suffirait, à l'exemple de MM. Thiriez, de Lille, de comprendre, au même titre que les autres malades, les femmes nouvellement accouchées

Le travail de M. le docteur Houzé de l'Aulnoit, tout en vous permettant d'apprécier les avantages de cette belle et charitable institution, vous fournira de précieux renseignements sur le mode de fonctionnement et sur le règlement de l'Association de Mulhouse.

Veuillez prendre connaissance de ces pièces et les soumettre à toutes les modifications que vous croirez utile de leur apporter pour atteindre le but que nous avons l'honneur de vous proposer.

La Société se met à votre entière disposition pour vous donner les avis que vous jugerez convenable de lui demander, et vous prie de lui faire savoir les voies et moyens que vous aurez adoptés dans l'intérêt des mères et de leurs jeunes nourrissons.

Chaque année, dans un rapport spécial, le Comité d'utilité publique se propose d'analyser les résultats obtenus, tant au point de vue du mode de fonctionnement des Caisses de secours que de leur influence sur la diminution de la mortalité des enfants pendant le cours de leur première année.

Elle serait heureuse de vous voir partager les sentiments de vive et profonde sympathie qu'elle éprouve pour l'amélioration physique et morale des classes ouvrières.

Héritière de l'industrie de l'Alsace, la région du Nord doit prouver à la France, en adoptant ses généreuses institutions, le regret qu'elle ressent encore chaque jour d'être séparée de cette patriotique province. C'est pour nous un devoir de témoigner hautement qu'un trait d'union nous reste et que rien ne pourra rompre : l'amour de l'humanité.

Agréez, je vous prie, Monsieur, l'assurance de notre considération la plus distinguée.

Le Secrétaire-Général,
CORENWINDER.

Le Président de la Société,
KUHLMANN.

Le Président du Comité d'utilité publique,
FAUCHEUR-DELEDICQUE.

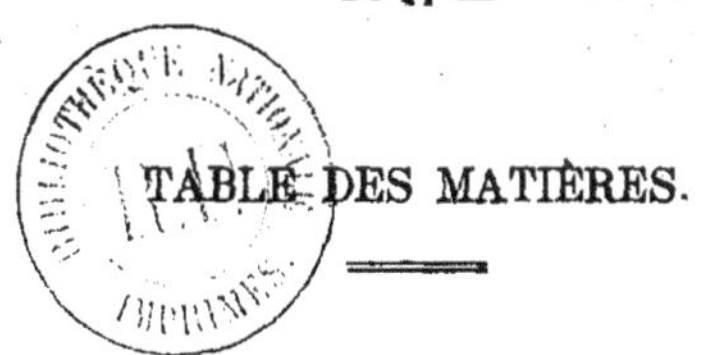

TABLE DES MATIÈRES.

PREMIÈRE PARTIE.

DEUXIÈME PARTIE.

TROISIÈME PARTIE.

LILLE, L. DANEL.

www.ingramcontent.com/pod-product-compliance
Ingram Content Group UK Ltd.
Pitfield, Milton Keynes, MK11 3LW, UK
UKHW022147190726
13855UKWH00004B/1380